PAROLES

PRONONCÉES DANS L'ÉGLISE DU TEMPLE-NEUF

LE 20 JUIN 1868

POUR LA CÉLÉBRATION DU MARIAGE

DES ÉPOUX

LÉON-ÉDOUARD GLOXIN

SOPHIE-CAROLINE EHRHARD

PAR

J. LEBLOIS

PASTEUR

STRASBOURG

IMPRIMERIE DE G. SILBERMANN, PLACE SAINT-THOMAS, 3

1868

PAROLES

PRONONCÉES DANS L'ÉGLISE DU TEMPLE-NEUF

LE 20 JUIN 1868

POUR LA CÉLÉBRATION DU MARIAGE

DES ÉPOUX

LÉON-ÉDOUARD GLOXIN

ET

SOPHIE-CAROLINE EHRHARD

PAR

L. LEBLOIS

PASTEUR

STRASBOURG

TYPOGRAPHIE DE G. SILBERMANN, PLACE SAINT-THOMAS, 3

1868

MES FRÈRES,

Rarement une aussi nombreuse et brillante assemblée est venue témoigner à un jeune couple ses sentiments sympathiques.

Et cependant, si nous pouvions ouvrir les yeux de l'esprit, nous verrions assister une assemblée plus nombreuse et plus brillante encore. Nous verrions les « anges du Seigneur, » c'est-à-dire toutes les puissances de la divinité, remplir cette enceinte de leur éclat et de leur splendeur. Nous verrions la majesté du Dieu vivant et vrai. qui préside aux destinées de tous ses enfants, présider à cette union, écouter nos vœux et répandre sur ces deux époux son onction sainte et ses bénédictions.

Ah ! ne croyez pas que l'union de deux cœurs soit chose accessoire dans l'univers, qu'elle passe inaperçue dans la foule des événements qui se pressent et se succèdent comme des flots dans le large fleuve de l'histoire du monde. « Les mariages, » dit un proverbe vulgaire, « sont conclus dans le ciel, » — les mariages bien entendu, qui ne sont pas dictés par des motifs purement terrestres, les mariages qui ne sont pas des associations purement intéressées, où l'inclination des cœurs, la sympathie des âmes, les considérations morales n'entrent pour rien, — les vrais mariages enfin, conclus sur la terre sous les auspices du cœur et de la raison, ces divins conseillers de l'homme, ces mariages là sont conclus « dans le ciel ». c'est-à-dire qu'ils entrent comme des éléments utiles dans les plans de Dieu ; ils exercent une influence puissante sur la marche générale des choses, ils pèsent d'un grand poids dans la balance des destinées universelles.

Quels sentiments élevés, chers époux, ces idées ne doivent-elles pas réveiller dans vos cœurs! Et combien cette conviction, que, dans la sphère qui vous est assignée, vous êtes appelés à devenir les collaborateurs de Dieu pour l'avancement de ses plans, — ne doit-elle pas répandre sur cette simple cérémonie de sérieux, de gravité, de dignité !

La société n'est qu'une grande famille, dont les familes isolées forment les éléments. Si la famille individuelle dégénère, la société dégénère. Si la famille individuelle se constitue d'après les lois de Dieu, si elle s'efforce de réaliser l'idéal que Dieu a posé devant elle, la société s'élève au plus haut degré de grandeur et de prospérité.

Quel est l'idéal de la famille, à notre époque et dans notre civilisation?

Il arrive trop souvent que les jeunes ménages cherchent leur idéal dans un état de choses réalisé par l'aristocratie du dernier siècle, c'est-à-dire dans une existence de brillants loisirs et de jouissances égoïstes. La nouvelle épouse regarde les soins de sa toilette comme devant être son occupation principale. Elle veut que sa maison présente dès le premier jour les marques du luxe ; elle exige de ses parents un mobilier qui raisonnablement ne devrait être que le fruit de longues années de sage économie des nouveaux époux eux-mêmes.

Les enfants nés dans un pareil milieu entrent dans la vie avec les notions les plus fausses sur les conditions terrestres. Ils ne soupçonnent pas même qu'ils ont des devoirs à remplir à l'égard de la société. Ils ne songent qu'à eux-mêmes et à leurs plaisirs, et souvent ils dilapident en quelques années et d'une façon coupable une fortune péniblement et honorablement acquise par les aïeuls.

Ce ne sera pas là votre idéal, chers époux. Votre idéal vous est donné, réalisé sous vos yeux, dans la grande maison de Dieu. Dieu nous montre dans l'univers un ordre admirable, une merveilleuse harmonie, une splendide richesse. Et comment les produit-il? Par un progrès lent, où tout ce qui est nouveau commence, non par le luxe et la dilapidation, mais par la simplicité et l'économie.

Il nous donne, dans la nature, l'exemple d'une activité constante, d'un travail perpétuel. Dieu n'est pas, comme on se l'est jadis représenté, un grand fainéant qui exige qu'on sanctifie ses jours par l'inaction. Dieu est l'éternel Travailleur, qui nous demande de sanctifier par le travail le temps qu'il nous a confié. Le travail, c'est-à-dire l'usage normal de nos forces corporelles ou de nos facultés intellectuelles, en vue d'être utiles à nos semblables, voilà la forme la plus sainte, bien que la plus méconnue encore, — grâce à des préjugés séculaires — du culte que Dieu demande à l'humanité.

Entrer en ménage, fonder une famille et une maison, c'est avant toutes choses, chers époux, prendre l'engagement du travail.

Ce mot, j'en suis sûr, ne vous effraie ni l'un ni l'autre, car vous avez dans vos familles de trop éclatants exemples d'existences consacrées au travail, pour ne pas comprendre la grandeur et la légitimité de cette condition.

Aussi quels conseils pourrais-je vous donner, que vous ne trouveriez pas éloquemment exprimés et réalisés dans l'histoire de vos parents ?

Vous avez, tous deux, le rare bonheur d'être nés d'un père et d'une mère réellement assortis, qui, de part et d'autre, ont été ce que nous souhaitons que vous soyez vous-mêmes, c'est-à-dire faits l'un pour l'autre ; qui ont été les auxiliaires, les compléments l'un de l'autre ; qui ont contribué chacun, en déployant leurs facultés spéciales, à la prospérité de leurs familles respectives. Vos pères aujourd'hui peuvent avec orgueil se donner la main. Ah, pourquoi votre bonheur n'est-il pas complet? Pourquoi faut-il que nous regrettions une absence? Pourquoi n'a-t-il pas été permis à vos deux dignes mères de s'asseoir ici l'une à côté de l'autre, et de s'embrasser en ce beau jour ?

Profitez, jeune épouse, avec reconnaissance et avec un filial respect, des précieux conseils de celle que Dieu, dans son amour, vous a conservée. Prenez-la pour modèle, et marchez sur ses traces. Exempte, par l'éducation qu'elle vous a donnée, des préjugés qui obscurcissent encore les idées de la plupart des jeunes personnes, vous envisagerez sous leur vrai jour, sous un jour moral et poétique, les occupations du ménage que d'autres regardent comme prosaïques et vulgaires.

Vous savez que, dans la modeste enceinte d'une maison, se manifestent les mêmes lois, que dans la grande économie de l'univers, et que la seule préparation des aliments quotidiens met en activité toutes celles qui ont présidé à la formation même de notre globe. Loin donc de trouver rebutants ces devoirs domestiques prescrits à la femme, et que la femme ne dédaigne jamais sans se dégrader elle-même et sans descendre au triste rôle de poupée, — vous y trouverez ce charme inspiré par le sentiment que les choses dont vous vous occupez sont, en fin de compte, des choses divines, et qu'en vous en occupant vous imitez Dieu. Vous ferez régner dans votre maison l'ordre, la grâce, l'harmonie qui brillent dans la sienne, et vous répandrez dans votre intérieur ce suave parfum de poésie vraie, cet attrait qui vous rendra de plus en plus chère à votre mari, et précieuse à son cœur.

Et vous, jeune époux, dont le rôle est autre, vous remplirez avec la même conscience et la mêmefidélité les devoirs spéciaux de l'homme. Vous portez un nom qui rapelle une carrière remplie avec une intelligence et une activité rares, consacrée non-seulement aux interêts de la famille, mais aussi aux intérêts publics, Un pareil nom oblige. Transmettez-le irréprochable à vos descendants. Dans toutes vos entreprises, suivez les saintes lois de la droiture et de l'intégrité, les fondements les plus durables de la prospérité des maisons. Fuyez l'exemple d'une jeunesse égoïste, qui n'a d'autre but que d'augmenter son bien-être matériel, et dont la suprême ambition est de jouir agréablement de la vie. L'homme est grand en proportion des services qu'il rend. S'il est rationnel qu'au début de sa carrière, il ne dilapide pas son activité, qu'il n'embrasse que ce qu'il peut étreindre, qu'il fasse usage des forces qui lui sont données, pour poser les assises de son avenir et mériter la confiance de ses concitoyens par la loyauté dans les affaires, il est beau de le voir porter quelquefois ses regards plus haut et plus loin; il est beau de le voir profiter de ses heures de loisir, pour se livrer à des préoccupations d'un ordre plus élevé que celles relatives au pain du corps, pour s'occuper des questions qui intéressent la chose publique, et se préparer à servir plus tard ses concitoyens par ses lumières, ses connaissances et son dévouement !

Mais je m'aperçois qu'ici encore, en voulant vous donner des conseils, je ne fais que vous rappeler les traditions paternelles.

Ce qui doit aujourd'hui vous faire envisager avec un vrai bonheur les relations futures avec les membres de votre nouvelle famille, c'est que vous n'y trouverez pas de tendances contraires à celles que vous avez puisées dans l'exemple de votre père. Vous trouverez là aussi des exemples de travail, de zèle, d'activité, de dévouement mis au service des intérêts publics. Suivez-les, et quand vous serez arrivé à votre dernière heure, quand vous jetterez un coup d'œil sur votre existence noblement employée, vous sentirez toute la vérité de cette pensée d'un esprit distingué : « Celui-là n'a pas vécu qui n'a vécu que pour lui seul. Pour vivre réellement, il faut vivre pour les autres ! »

STRASBOURG, TYPOGRAPHIE DE G. SILBERMANN.

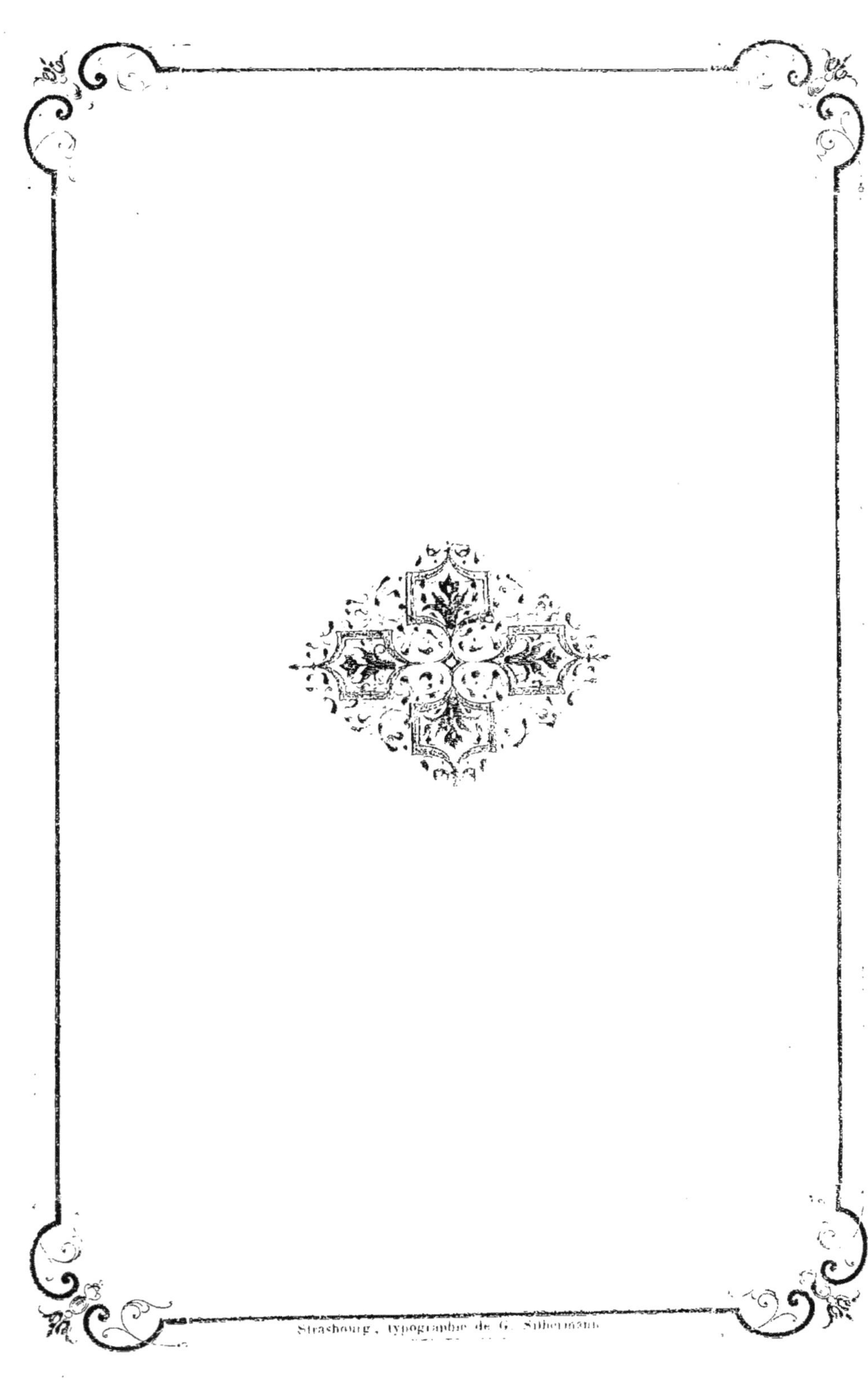

Strasbourg, typographie de G. Silbermann.